# Jean-Baptiste-Marie VIANNAY CURÉ d'ARS

NÉ A DARDILLY,
LE 8 MAI 1786.
rt à ARS, le 4 Août 1859

# VIE
## DE
# JEAN-BAPTISTE-MARIE VIANNEY
## CURÉ D'ARS

### PAR M. L'ABBÉ PAUL JOUHANNEAUD.

I

ÉTUDES PRÉLIMINAIRES DE LA VIE D'UN SAINT.

Le prêtre que les voix unanimes de la France ont depuis longtemps appelé le *saint curé d'Ars*, naquit à Dardilly, petite et charmante paroisse de 1,300 âmes, près de Lyon, le 8 mai 1786.

Lorsqu'on veut connaître un peu à fond la vie d'un de ces hommes qu'ont illustré leurs talents, leurs vertus et leurs œuvres, et principalement de ceux que l'Église propose à la vénération des peuples, on tient absolument à être renseigné sur la famille, l'époque, la localité qui le virent naître et grandir. De cette étude préliminaire jaillissent des lumières propres à éclairer les faits ultérieurs, les merveilles qui se présenteront successivement à l'admiration.

— 6 —

Ce personnage vraiment grand est-il né, par exemple, au sein de la misère, de parents indifférents ou même impies ? ses plus jeunes années se sont-elles écoulées comme dans l'isolement et l'abandon ? autour de lui constamment n'y a-t-il eu que des blasphèmes, des scandales, des provocations au vice ? Alors avec quel intérêt, quelle émotion continuelle le lecteur étudie cette âme ! Comme il se plaît davantage à la voir par l'énergie de sa volonté, par l'amour invincible de la vertu, par le secours divin qu'elle invoque sans cesse, faire constamment d'héroïques efforts pour triompher de tous les obstacles et arriver ainsi glorieuse à la tombe, laissant un nom qui finira peut-être par périr sur la terre, mais qui certainement vivra éternellement au ciel.

Que si au contraire, cet homme, dès sa petite enfance, a été l'objet des soins les plus assidus, des plus chrétiennes tendresses ; si son oreille n'a entendu que de salutaires paroles et de saints conseils ; si au foyer paternel il n'a jamais eu sous les yeux que d'admirables exemples, est-ce qu'un bien vif intérêt, quoique d'un genre un peu différent, ne nous attache pas aussi à cet homme faisant ainsi son entrée dans la vie ? Il reste fidèle à toutes ces prédications du bien ; il correspond avec ardeur à ces avances du ciel ; cette marche de plus en plus accusée et rapide dans le noble sentier qui lui a été ouvert, n'excite-t-elle pas au plus haut degré l'attention entière de notre esprit et de notre cœur ? Et quand, un peu plus tard, nous contemplerons cette douceur, cette modestie, cette patience, ce respect de Dieu, cette bienveillance pour tous qui se révélaient chez l'enfant privilégié, devenus bonté, pureté, résignation, piété, charité parfaites se mêlant, se fortifiant dans une divine harmonie et formant un assemblage sublime, digne du regard des anges ; lorsque, d'année en année, ces germes, entrevus, produiront des fleurs et des fruits d'une auté de plus en plus rare, est-ce que nous ne suivrons pas avec une admiration croissante ces divers développements aboutissant à la perfection ?

Remarquons donc les débuts de la vie du curé d'Ars ; ils renferment, pour vous surtout, jeunes lecteurs, des leçons faciles et d'une très haute valeur.

## II

### NAISSANCE, FAMILLE, VERTUS PRÉCOCES DU CURÉ D'ARS.

Mathieu Vianney et Marie Beluze, le père et la mère du curé d'Ars, étaient simples cultivateurs à Dardilly, humble village, avons-nous dit, à 10 kilomètres de Lyon. Dieu, qui s'est engagé à verser ses bénédictions sur les familles qui l'aiment, accorda à ces vertueux époux six enfants ; tous vécurent fidèles aux bonnes traditions du foyer paternel, et ceux de cette pieuse génération qui existent encore passent pour des modèles d'honneur et de piété. Le curé d'Ars était le troisième enfant.

Baptisé le jour même de sa naissance sous le nom de Jean-Baptiste-Marie, il avait été offert à Dieu et à la très sainte Vierge avant de naître. Comme ses frères, il fut l'objet des soins les plus assidus de l'admirable mère qui l'allaitait elle-même. Cependant, parce que dès ses premiers bégaiements il savait répéter mieux que les autres les doux noms de *Jésus, Marie*, qu'elle lui apprenait, et sans doute aussi à cause de certains traits dans lesquels le cœur de la mère chrétienne sait trouver d'heureux pronostics pour son fils, il obtint, paraît-il, une sorte de préférence. La preuve se trouverait dans ces paroles, souvent sorties de la bouche du saint prêtre lorsqu'il causait de ses parents, fréquent objet de ses souvenirs et de ses conversations.

« Vois-tu, me disait souvent ma mère, qui était si sage, n'offense pas le bon Dieu ; cela me ferait plus de peine *que si c'était un autre de mes enfants.* » (M. Monnin, p. 13.)

Douce et juste réciprocité d'amour maternel et de piété filiale que Dieu voulait, car de cet échange il attendait un grand bien. Plus un dépôt a de valeur, plus le dépositaire doit veiller sur lui. La prédilection de Marie Beluze pour Jean-Marie commencera donc de bonne heure. Elle sera d'autant plus vive que celui-ci l'aura comprise presque dès le berceau. Devenu prêtre et vieillard, il fera remonter vers elle le bien qui peut se trouver en lui; le sujet qu'il aimera à traiter sera celui *des devoirs de la famille* ; enfin ses disciples attesteront qu'ils lui ont mainte fois entendu dire : « Un enfant ne doit pas pouvoir regarder sa mère *sans pleurer*. » (M. Monnin, page 13.)

Ce qui pourrait montrer encore que cette préférence, qui honore à la fois ces parents et leur fils, était bien dans les desseins du ciel, c'est que, autour d'eux, loin d'en prendre ombrage, on l'acceptait avec bonheur. Ecoutez Marguerite, une des sœurs du saint prêtre, répondant naguère à une question faite à cet égard : « Ma mère était si sûre de l'obéissance de Jean-Marie que, lorsqu'elle éprouvait de la part de l'un de nous de la résistance ou de la lenteur, elle ne trouvait rien de mieux que d'intimer ses ordres à mon frère, qui obéissait sur-le-champ, et puis de nous le proposer pour modèle, en disant : Voyez, lui, s'il se plaint, s'il hésite ou s'il murmure; voyez s'il n'est pas déjà loin. Il était rare que son exemple ne nous entraînât pas. » (*Deux humilités illustres*, p. 75.)

Dans un âge dont on ne peut préciser l'année, mais encore très tendre, Jean-Marie différait donc déjà de ses petits compagnons d'enfance. Ses biographes, le comparant au jeune Tobie, *en qui l'on ne trouvait rien de puéril*, disent que, souvent, au lieu de jouer, il se retirait pour prier Dieu dans un coin de la maison ; sa tenue à l'église était parfaite ; de lui-même il allait aux offices, aux prédications qu'on y faisait. Jamais de désobéissance à ses parents, d'altercations avec ses frères, d'inconvenances envers personne.

Deux faits caractéristiques de sa piété précoce sont cités avec quelques détails, et l'un et l'autre se rapportent à son culte de la très sainte Vierge, culte qui, nous le dirons bientôt, se manifesta chez lui à un degré d'amour et de confiance qui l'assimile *aux plus dévots serviteurs* de la Reine des anges.

Le premier trait a rapport à un chapelet que lui avait donné une religieuse, et dont il plaisait fort à dérouler les grains. « Il y a longtemps que vous aimez la sainte Vierge, lui disait un jour son prêtre auxiliaire ? — Avant même de la connaître, répondit-il ; c'est ma plus vieille affection. Etant tout petit, j'étais possesseur d'un joli chapelet : il fit envie à ma sœur ; elle voulut l'avoir. Ce fut là un de mes premiers chagrins. J'allai consulter ma mère, elle me conseilla d'en faire l'abandon pour l'amour du bon Dieu. J'obéis, mais il m'en coûta bien des larmes. (M. Monnin, p. 46.)

La seconde preuve de cette précoce dévotion à Marie, fut son attachement pour une petite image en bois de cette divine mère. Est-il vrai que, sentant déjà le prix d'un tel objet, loin d'en faire un objet de curiosité simple, d'un charmant joujou, il y puisait la patience, l'amour de ses parents dans la mesure de la légèreté et des petites peines inséparables de l'enfance ; c'est ce qu'assurent ses biographes et ce qu'indiquent ses propres paroles : « Oh ! que j'aimais cette statue ! Je ne pouvais m'en séparer ni le jour ni la nuit, et je n'aurais pas dormi tranquille si je ne l'avais pas eue à côté de moi dans mon petit lit. » (M. Monnin, p. 44.)

Les anecdotes les plus naïves et les plus touchantes sont racontées sur l'usage que faisait Jean-Marie de sa bien chère image. Nous n'en reproduirons qu'une, parce que nous y voyons les prémices de ces miracles que sa confiance absolue dans sa bonne Mère obtiendra un jour.

Parvenu à l'âge de neuf à dix ans, il allait travailler aux champs avec François, son frère aîné, qui, étant plus robuste, avançait plus vite l'ouvrage lorsqu'il s'agissait de façonner la vigne au hoyau. Jean-Marie se plaignait quelquefois à ses parents que François allait trop vite et qu'il ne pouvait le suivre.

« Or, voici que, muni de sa statuette, décrit Marguerite, sœur survivante du curé d'Ars, mon frère crut y trouver un renfort et un soutien contre l'activité de François. La première fois qu'on les envoya à la vigne il eut soin, avant de commencer sa passée, d'y jeter bien avant l'image, et, en avançant vers elle, de prier la sainte Vierge de l'aider à atteindre son frère. Parvenu à l'image, il la ramassait le plus vite possible, la jetait de nouveau, reprenait son hoyau, priait, avançait à l'égal de François, qui, étonné, alla dire à notre mère, le soir, que la sainte Vierge avait bien aidé Jean-Marie, car *il avait fait autant que lui.* (M. de Montoud, p. 16.)

Ces détails nous font suffisamment connaître M. Vianney dans ses jeunes années ; les tristes scènes qu'il va avoir sous les yeux, le spectacle des vertus nouvelles que lui donnera sa famille, vont en même temps mûrir vite et son intelligence et sa foi.

### III

#### LE JEUNE BERGER. — RÉVOLUTION DE 93.

Mathieu Vianney et les siens n'avaient pour fortune que le produit de leurs bras et d'une petite propriété. Jean-Marie fut donc de bonne heure obligé d'aider à gagner le pain du ménage. Trop faible pour manier la pelle ou la pioche, il fut d'abord berger.

Pour soupçonner ce que cette âme d'élite dut acquérir de vertus et de piété dans cette intimité, dans ces *soliloques* de la paisible solitude des champs, rappelons-nous que là plusieurs saints illustres ont fait l'apprentissage de leur vie admirable ; là, Dieu a parlé intimement au cœur d'Abel et de tous les imitateurs de son innocence dans la suite des siècles. Ce qui est certain, c'est que Jean-Marie n'oublia jamais cette douce école, ce premier état. Après soixante ans il aimera à rapprocher ces occupations de celles qui lui ont été imposées depuis. « Que j'étais heureux lorsque je n'avais à conduire que mes quatre ou cinq vaches, mes trois brebis et mon âne ! — Dans ce temps là je pouvais prier Dieu tout à mon aise, je n'avais pas la tête cassée comme à présent ; c'était l'eau du ruisseau qui n'a qu'à suivre sa pente, quand je cultivais les champs, je priais tout haut ! Si, maintenant que je cultive les âmes, j'avais le temps de penser à la mienne, de prier et de méditer, que je serais content ! » (M. Monnin, p. 46.)

Regrettons que lui seul, qui aurait pu dire toutes les faveurs célestes accordées à son enfance, n'ait pas voulu les révéler plus en détail ; qu'il n'ait pas raconté ce qui a dû quelquefois se passer lorsque, rassemblant ses petits compagnons autour d'un monticule, il leur prêchait les sermons qu'il avait entendus, leur apprenait les prières, les faisait répondre aux litanies qu'il savait, et passons à ce qui avait lieu alors sous son toit paternel.

Oui, maintenant, jeunes lecteurs, pour peu que vous réfléchissiez sur les faits dont nous donnons la froide analyse, vous devrez comprendre ce que gagna en sagessse et en charité l'âme de ce pieux adolescent pendant les tristes journées qui terminèrent le dix-huitième siècle.

La révolution triomphait, c'est-à-dire, l'enfer déchaîné contre Dieu et son Christ, saccageait ou fermait les temples, égorgeait ou exilait les prêtres, martyrs de leurs engagements. Au sein de ces montagnes et de ces forêts voisines de la frontière suisse, et plus dans la chaumière du pauvre que dans le château du riche, trop en vue, trop suspect, les ecclésiastiques, les religieux et les religieuses cherchaient un abri contre la persécution. Au nombre de ces familles hospitalières, dévouées à l'Eglise et à ses ministres, de ces âmes pleines de foi et de courage, dont les noms resteront à jamais glorieux dans les annales de la France catholique, au nombre de ces héros, de ces défenseurs de la foi, les Vianney figuraient en première ligne. Dardilly en conserve un souvenir très vivant encore ; les vieillards, causant de ces temps de triste mémoire, en font toujours une mention exceptionnelle.

Le père et la mère de Jean-Marie, non-seulement logeaient, nourrissaient avec une pieuse générosité les membres du clergé ou des communautés que la Providence leur envoyait, mais encore, au péril de leur vie, ils favorisaient leur évasion du grand diocèse lyonnais si cruellement éprouvé. Ils protégeaient leur passage, leur séjour parmi eux ; enfin ils contribuaient à procurer à la paroisse veuve de son pasteur le bienfait inestimable des bénédictions, des prédications, des prières liturgiques et des sacrements, au moyen de prêtres adroitement soustraits à l'œil de leurs persécuteurs. Là, les âmes qui, comme eux, ne voulaient à aucun prix d'un prêtre *jureur*, s'entendaient et trouvaient une cave, une grange, un grenier, quelque taillis épais, où un vrai prêtre accomplissait les fonctions saintes, le plus souvent après le coucher du soleil ou avant l'aurore. Du reste, cette page navrante, mais glorieuse de notre histoire, est assez connue. A quelques exceptions près, la France offrait partout le même double spectacle.

Or, Jean-Marie voyait toutes ces choses ! Avec ses parents, il essuyait les larmes qui coulaient devant lui. Il prenait part à tout ce qui pouvait consoler l'Église et déjouer les machinations de l'impiété. Et quand la sainte messe manquait à Dardilly, quels sacrifices au-dessus de ses forces on lui eut imposé si on avait voulu l'empêcher de courir à Écully, paroisse distante d'une lieue, où il savait qu'à telle heure, à tel endroit, un prêtre *insermenté*, c'est-à-dire fidèle, célébrait les divins mystères. Était-ce la nuit ? il le préférait, car il se doutait que le rendez-vous devait être plus méritoire.

Enfin, ce fut pendant ces jours d'épreuves qu'il put, en cachette, recevoir d'une religieuse les leçons du catéchisme préparatoire de sa première communion.

Ce grand acte de la vie chrétienne, cette solennité que nul n'oublie jamais, eut lieu pour lui dans une GRANGE !

Une GRANGE pour temple ! Ici un souvenir de l'histoire de saint Augustin s'impose à notre plume. Quelque différence d'âge, de dispositions, de talents qui puisse se trouver entre le savant professeur de Milan atteignant sa 32e année et hésitant encore à demander le baptême, et le candide et illettré berger de Dardilly, le rapprochement de leurs deux noms nous semble se faire de lui-même.

Le grand évêque d'Hippone nous dit que ce qui acheva de le détacher de l'erreur, ce fut le spectacle qu'il eut sous les yeux pendant qu'il était avec sa mère dans la basilique Porcienne. Là, nuit et jour, les catholiques veillaient pour défendre l'évêque Ambroise, menacé par l'impératrice Justine. Il était présent lorsque la soldatesque arienne, le pressant violemment de sortir, le saint pontife, du haut de son autel, répondait par ces sublimes paroles : « Si le prince me demandait ce qui est à moi, mes terres, mon argent, je ne les lui re-

1.

fuserais pas, quoique tout ce que je possède appartienne aux pauvres ; mais il n'a aucun droit à ce qui appartient à Dieu. Voulez-vous mon patrimoine, vous pouvez le prendre ; si vous demandez mon corps, je suis prêt à vous le livrer ; si vous avez dessein de me mettre à mort, vous n'éprouverez de ma part aucune résistance. Je n'aurai point recours à la protection du peuple ; mais je sacrifierai ma vie pour la cause des autels. »

Augustin ne pouvait, sans une vive douleur, voir la religion de Monique aussi brutalement persécutée, et si pieusement, si vaillamment défendue. Chaque outrage prodigué au Dieu de sa mère, non moins que chaque témoignage d'amour et de dévouement pour la Croix, étaient autant d'aiguillons qui le poussaient vers elle. De là ses immortelles pages où, nous disant qu'en vain il interrogeait l'histoire et ses propres souvenirs, ni le paganisme, ni la philosophie, ni l'hérésie ne lui offraient en fait de patience, de douceur, de grandeur d'âme, rien de comparable à ce qu'il avait sous les yeux. De là, chez le savant, le divin évêque d'Hippone, le souvenir impérissable « de ces spectacles qui faisaient jaillir de son âme, violemment remuée, des torrents de pleurs. »

Eh bien ! lui aussi, le saint curé d'Ars, s'il nous avait laissé *ses confessions*, nous aurait dit ce que, simple berger, timide adolescent des campagnes, sachant à peine lire, il avait eu de *torrents de pleurs dans l'âme* pendant ces jours d'odieuse et sacrilége mémoire. Il nous eût dit ses impressions en voyant ces allées et venues secrètes ou nocturnes des persécutés et des persécuteurs de la foi, ces mots d'ordre donnés et observés dans l'ombre et le silence ; en se rappelant les commissions confiées à sa discrétion, les recommandations des prêtres, les insultes qu'il recevait, déjà espionné comme un *petit dévot*, les insolences et les brutalités des mandataires du COMITÉ DU SALUT-PUBLIC, etc., etc.; tous ces faits se groupant autour du souvenir de sa première communion dans une GRANGE !

Ce qui est sûr, c'est que, dans ses causeries familières et dans ses catéchismes, il ne rappelait jamais sans une sensible émotion ces attentats contre le ciel et ces actes de foi héroïque; là surtout, en voyant le bien opéré par de bons prêtres, il avait souvent demandé à Dieu le bonheur de le devenir, et contre toute espérance humaine, il lui était accordé de l'être bientôt.

## IV

### SES PRÉPARATIONS AU SACERDOCE.

La tourmente révolutionnaire commençait à s'apaiser ; çà et là des temples se rouvraient, quelques pasteurs revenaient au milieu de leurs ouailles.

Ecully fut une des paroisses plus tôt récompensées du ciel. Pendant la terreur, ses pieux habitants avaient sauvé de l'exil ou de la mort plusieurs ministres du sanctuaire, et l'un d'eux en devint curé, le P. Charles Balley, genovéfain.

Dès le premier jour de sa nomination, cet infatigable prêtre s'occupa activement à recruter et à former des âmes pour le ministère sacerdotal. Partout la persécution, sous ses diverses formes, avait décimé le clergé. Si des sanctuaires étaient rendus au culte, si des autels se redressaient çà et là, on cherchait en vain un clergé suffisant pour y exercer même les fonctions les plus nécessaires.

L'abbé Balley, dont la réputation de haute vertu, s'étendait à Lyon, où il avait habité longtemps, et dans les environs d'Ecully, son refuge, fut promptement mis en rapport avec Dardilly. Connaissant déjà Jean-Marie, dont il avait admiré la tenue autour de son autel ou de sa chaire ; il put dès lors l'observer davantage. De son côté et à son insu, l'adolescent lui fournissait mieux l'occasion de l'étudier. Pas une cérémonie importante à laquelle il n'accourût, même pendant la semaine. Son père était-il malade, « permettez-moi, lui disait-il, d'aller encore aujourd'hui à Ecully : une lieue est bientôt faite ; je réciterai tant de *Pater* et d'*Ave*, qu'il faudra bien que vos douleurs cessent. » (M. Monnin, p. 58, 1er vol.)

Il approchait de sa dix-huitième année lorsque l'abbé Balley lui demanda s'il voulait devenir prêtre. Quoique résultant d'observations faciles, quoique née pour ainsi dire d'elle-même, cette question honorera à jamais la mémoire de celui qui l'a adressée. Lorsqu'on prononcera le nom du curé d'Ars, instantanément viendra sur les lèvres le nom du religieux genovéfain qui a donné à l'Eglise de France une de ses gloires. Le bien immense que l'élève produira remontera toujours dans ses premières causes, vers son introducteur dans le sanctuaire. D'ailleurs, nous allons voir avec quelle persévérance l'abbé Balley chercha et obtint la réponse à la question que le ciel lui avait suggérée.

Heureux de la proposition qui lui était adressée, Jean-Marie s'en ouvrit à ses parents. Le lecteur les connaît assez pour comprendre que, s'ils présentèrent à leur bien-aimé fils les objections que nous venons d'indiquer, ils avaient une piété trop intelligente et trop généreuse pour y insister. Qu'on le remarque bien, au contraire, de leur part il y avait et ne pouvait y avoir qu'une chance de sacrifices, de temps et d'argent improductifs.

En effet, chez Jean-Marie ne se trouvait aucun de ces dons brillants de l'intelligence dont les parents sont avides et fiers parce qu'ils les portent à rêver pour un fils fortune et honneurs. Peu d'imagination, peu de hardiesse, peu de facilité naturelle, voilà, oserions-nous dire, le mince lot du candide jeune homme, si un jugement net et sain, un bon sens exquis au service d'un des cœurs les plus aimants n'étaient pas un partage d'une très haute valeur, et si surtout les lumières divines, agrandissant ce peu, ne devaient pas bientôt en former un tout supérieur à toutes les sciences humaines.

Pour faire ses études, il dut aller se loger chez des parents maternels. N'eût été crainte d'humilier sa famille, c'eût été, dans Dardilly, à qui aurait appartenu le bonheur de fournir aux dépenses du doux et laborieux élève. Seule « une pieuse veuve d'Ecully demanda comme une faveur et obtint la charge gratuite de blanchir le linge et tenir en ordre le trousseau de Jean-Marie. » (M. Monnin, p. 62.)

Le voilà donc commençant les classes de latinité à l'âge où beaucoup d'autres les ont terminées. Il ne sait pas même lire couramment dans son paroissien ; sa conception est lente, sa mémoire rebelle. Aussi, malgré les plus affectueux encouragements de son maître, perd-il bientôt l'espoir d'arriver. En vain ne prend-il aucune récréation, travaille-t-il nuit et jour, ses progrès sont presque nuls. Que fera-t-il ? S'obstinera-t-il à vouloir entrer dans cette carrière où son ardente piété elle-même semble lui dire que Dieu ne le veut point ? Non, non, il ne reviendra pas en arrière sans avoir obtenu quelque réponse du ciel.

Connaissant déjà mieux l'esprit que la lettre de son catéchisme, il sent que si la prière est un devoir rigoureux du chrétien, elle est aussi une force, une puissance pour l'âme qui croit et espère fermement. Il a compris, il a déjà expérimenté cette parole du Sauveur, qu'il a entendue dire et commenter : « Si vous aviez de la foi gros comme un grain de sénevé, vous transporteriez des montagnes. » Et alors il se décide à demander directement à Dieu ce que son application ni la science de son professeur ne sauraient lui donner.

A cette époque, le pèlerinage au tombeau de

saint François-Régis avait cette célébrité qu'il n'a point perdue de nos jours. Ce pauvre missionnaire qui, de son vivant, avait mérité le nom d'apôtre du Velay et du Vivarais, voyait accourir en foule à la Louvesc des âmes qui savaient que la puissance qu'il avait exercée sur les cœurs et les corps malades ayant recours à lui, n'était point scellée sous sa pierre sépulcrale.

Jean-Marie, approuvé en cela par son confesseur, se met en route à pied et mendiant de porte en porte son gîte et son pain. Il n'a jamais parlé de cet épisode de sa vie sans dire qu'il ne pensait pas recevoir tant d'humiliations. A ses demandes répondait souvent un refus grossier, quelques-uns lui jetaient à la face les noms de *fainéant*, de *vagabond*, de *voleur !* Mais ces affronts, ces privations pénibles et inattendues furent agréables à Dieu. Ce Dieu qui départit la sagesse et la science à qui et comme il veut, qui, dans quelques années, donnera au curé d'Ars la connaissance la plus intime des hommes et des choses, une pénétration, un discernement qui feront de lui la lumière et le guide non-seulement d'une multitude de fidèles, mais encore des plus dignes prêtres appartenant même à des diocèses hors de France, ce Dieu a répondu soudain à l'appel qui lui est adressé sur les restes sacrés d'un de ses prêtres.

« Saint François-Régis auquel, par reconnaissance, il a voué depuis un culte très dévot, lui obtint de Dieu la grâce qu'il désirait au point d'étonner son maître et ceux qui avaient le plus désespéré du succès. A dater de ce jour les difficultés s'évanouirent comme par enchantement ; l'arbre de la science eut des fruits moins amers, et celui qu'on avait cru incapable ne trouva plus rien dans la culture des lettres qui fût au-dessus, sinon de son intelligence, du moins de son courage. » (M. Monnin, p. 67.)

## V

### LE PRESBYTÈRE D'ÉCULLY.

Les souvenirs qui se rattachent à Jean-Marie, élève externe du presbytère d'Écully, sont les plus édifiants. Jamais on ne le vit se mêler à aucune fête mondaine. Sa classe, sa cellule et l'église composaient presque sa demeure absolue. Plein de respect et de reconnaissance pour ses hôtes, il ne les contredisait que s'ils cherchaient à lui rendre la vie trop douce. Pourquoi n'en analyserions-nous pas, pour le prouver, ces humbles détails que n'ont pas dédaigné de raconter ceux qui en étaient témoins. « Ayez soin, répétait-il, de ne mettre dans ma soupe ni lait ni beurre, ces assaisonnements me déplaisent. » Lui obéissait-on, le don d'une image, d'une médaille, disait à ces bonnes gens, d'une piété non moins naïve que la sienne, son bonheur et sa gratitude ; faisait-on le contraire, sa figure s'assombrissait. « Il mangeait sa soupe comme si chaque morceau eût dû l'étrangler. (M. Monnin, p. 69.) »

Sous le toit paternel, Jean-Marie s'apitoyait sur toutes les misères, sur toutes les larmes ; maintes fois on l'avait vu, petit enfant, ramener avec lui les pauvres qu'il rencontrait et demander pour eux quelque gîte dans la maison, partager avec eux ses modestes repas. Or, pendant les cinq ou six années de son séjour à Écully, cette charité ne fit que grandir et revêtir un caractère plus chrétien et plus visiblement surnaturel. Ses protecteurs en auraient murmuré, lui en auraient fait des reproches si la manière dont il se constituait mendiant lui-même n'avait soudain changé en eux le mécontentement en admiration.

Citons un trait de cette charité.

« Un jour, nous est-il dit, trouvant un pauvre

homme cheminant sans chaussures, il lui donne les siennes sans qu'elles lui soient demandées, et s'en retourne en plein jour chez lui les pieds nus. » (Plusieurs biographies.)

Quelle sera cette charité le jour où il sera maître absolu de sa bourse ?...

## VI

### LA CONSCRIPTION. — FAITS QUI S'Y RAPPORTENT.

*Que sait l'homme qui n'a pas été éprouvé*, disent nos Saints Livres. L'épisode suivant de la vie du digne prêtre est marqué au coin d'une de ces épreuves qui produisent la science.

Il continuait d'étudier, lorsque, atteint par la conscription, il est désigné pour soldat. C'était en 1809. Il devait se rendre à Bayonne pour de là rejoindre son régiment en Espagne.

Et les circonstances et les événements se compliquèrent de telle sorte que deux ans avant sa mort, honoré de la croix de la légion d'honneur, il disait avec sa fine bonhommie : « Je ne comprends pas que l'empereur me décore, à moins que ce ne soit pour avoir été *déserteur*. »

Beaucoup de renseignements ont été recueillis et discutés pour justifier cette *désertion*.

Si, pour certains cœurs la reconnaissance est un fardeau dont on cherche à se débarrasser, pour d'autres elle n'est qu'un besoin irrésistible, un bonheur jamais satisfait. Une veuve Fayot avait été sa zélée protectrice pendant ces jours difficiles. Or, qu'on remarque la lettre suivante, retrouvée par hasard, et les mondains verront si, pas plus que les saints, le curé d'Ars a manqué de la mémoire du cœur. En même temps que cette page témoigne du peu de cas que, sciemment ou non, il faisait des règles de la littérature et du style épistolaire — et qu'aussi bien nous ne reproduisons pas comme modèle du genre, elle montre comme dans une âme sainte *les bienfaits reçus se gravent profondément.*

Ars, 1ᵉʳ novembre 1823.

« Madame mère Fayot,

» Je ne pourrais vous exprimer la joie que je ressens de vous écrire tous les ans. Je méditais le moyen de pouvoir vous aller voir pour vous témoigner de nouveau ma reconnaissance pour tous les bienfaits que vous m'avez prodigués pendant mon temps de tristesse et de bannissement. Quoique je sois très éloigné de vous, je vous assure qu'à chaque instant vous êtes dans mon esprit, et principalement pendant la sainte messe, où je demande à Dieu de vous consoler dans vos maladies et vos peines qui, je pense, sont bien grandes. . . .

» Peut-être vous avez pensé que, ne vous écrivant pas, je ne pensais plus à vous, et que j'avais déjà oublié tout ce que vous avez fait pour moi. Non, ma chère bienfaitrice, vos bienfaits sont si profondément gravés dans mon cœur qu'ils ne s'en effaceront jamais. Je pense souvent à vos braves enfants, qui étaient pleins de bonté pour moi. Je les prie bien de penser à moi dans leurs prières ; je ne les oublierai pas.

» Ma bonne mère, pour ce que vous me devez, je vous le donne de bon cœur. J'attendais toujours d'aller chez vous pour cela. Je vous prierai seulement, si la pauvre P... est encore en vie, de lui donner quelque chose, en lui disant de penser à moi dans ses prières, et aussi à la bonne D..., qui peut-être est bien misérable. Je me souviens toujours de ce qu'elle me fit quand je partis. . . .

» Vous direz, s'il vous plaît, à tous ceux que j'ai eu le bonheur de connaître aux Noës, que je leur présente mes respects et mes sentiments de recon-

2.

naissance. Elles diront à ce bon garçon qui me donna de quoi faire mon voyage, que je pense bien à lui. Vous direz à M. F... et à tous ceux de sa maison que je n'ai pas oublié leurs bienfaits...

» J'espère que l'été prochain j'irai vous voir. Si l'un de vos quatre enfants pouvait venir dans ma Bresse, je serais bien content : j'aurais bien du plaisir à recevoir ceux qui m'ont fait tant de bien. Je suis dans une petite paroisse pleine de religion, qui sert le bon Dieu de tout son cœur. » Ici, M. Monnin, mieux à même que qui que ce soit d'apprécier l'amélioration religieuse d'Ars, met en note : *Ceci prouve le bien qui s'était opéré à Ars depuis l'arrivée de M. Vianney.*

» Je finis, ma bonne mère, en vous priant de présenter mes très humbles respects à M. votre respectable curé, en lui disant combien je lui suis redevable de ses bienfaits dans mon temps d'exil.

» Ma bienfaitrice, agréez tout ce que mon cœur est capable de vous témoigner. »

## VII

### CONTINUATION DES ÉTUDES DE JEAN-MARIE. — IL EST ORDONNÉ PRÊTRE.

Plus Jean-Marie avance dans la vie, plus il est aisé de trouver des témoins et des documents précis de ce qu'elle a eu d'extérieur ; d'extérieur, répétons-nous. Car, combien de saintes choses restent dans le secret de Dieu devant qui ses macérations, ses prières, ses jeûnes ont tant expié pour les pécheurs, et des âmes qu'il a guéries ou ressuscitées ?

Libre du service militaire, Jean-Marie, sur les conseils de l'abbé Ballay, alla suivre, en 1813, le cours de philosophie au petit séminaire de Verrières, près Montbrison. L'on conçoit aisément qu'après des études si courtes et si interrompues, s'y fit remarquer, ce ne fut point par la supériorité d'aptitude et de savoir. Mais comme il compensait largement cette absence de brillantes qualités intellectuelles ! Un prêtre éminent, dit M. de Montiond, racontait, il y a quelques années, à Paris, qu'il avait été condisciple de M. Vianney, et il s'exprimait ainsi : « Il était si humble, si doux, si naïf que nous l'avions surnommé dédaigneusement *le simple*, et nous supposions à peine, nous, *les forts, les savants*, qu'il eut la capacité suffisante pour recevoir les ordres. Aujourd'hui *lui est un saint et nous ne sommes rien.* »

Enfin c'était par la voie des humiliations que Jean-Marie devait arriver au sacerdoce, objet souverain de ses vœux et de ses prières. Sorti de Verrières et préparé ensuite pendant deux années aux examens de théologie par M. Balley, il va subir cette épreuve au grand séminaire de Lyon. Mais « devant l'attitude froide et imposante des examinateurs, le timide théologien se troubla, il perdit tout aplomb et ne sut que balbutier en rougissant des réponses incohérentes, quelques mots sans suite et sans portée. » (M. Monnin, p. 118.) Humiliation poignante, mais non moins dure anxiété pour sa conscience si timorée ! Non, il n'insisterait pas si, sur les recommandations de son vénéré maître, ses supérieurs, l'étudiant de plus près et mieux éclairés, ne lui défendaient le découragement et la crainte. Les rôles se changeaient. L'autorité sentait qu'elle n'avait plus à arrêter, mais au contraire à faire avancer ce théologien. Il a donc reçu la tonsure, puis les ordres mineurs.

Il faut maintenant se présenter au sous-diaconat. Les plus étrangers à l'administration ecclésiastique savent avec quelle prudence agit l'autorité diocésaine lorsqu'elle a à décider si un lévite doit contracter cet engagement qui l'enrôle à tout jamais dans la milice sacrée.

Vainement Jean-Marie a, dans la mesure du

possible, redoublé d'ardeur à l'étude, il est interrogé de nouveau et son examen laisse à désirer...

Mais son maître vénéré, mais d'éminents prêtres se font, pour ainsi dire, sa caution. L'autorité est encore embarrassée. Cependant en examinant à son tour de plus près ce candidat *peu fort*, quelque chose la décide malgré elle. « Puisque c'est un modèle de piété, conclut le vicaire-général de Lyon, admettons-le, la grâce fera le reste. » Oui, la grâce, qui avait commencé la seule science vraiment nécessaire de Jean-Marie dès le berceau, achèvera celle qu'il faut à un bon prêtre.

Il fut donc ordonné sous-diacre le 2 juillet 1814, diacre en 1815, et le 9 août de la même année élevé à la dignité sacerdotale ; il avait, à cette dernière date, 29 ans.

A aucun de ses collaborateurs ni de ses disciples il n'a révélé ce qu'il sentit, ce qu'il dit, ce qu'il promit à Dieu pendant ces heures solennelles de consécration absolue à son service. Mais, extrayons seulement quelques pensées recueillies de ses catéchismes ou prônes, et cela suffira si nous remarquons qu'il ne parlait jamais du prêtre et de sa grandeur incomparable sans un attendrissement qui, le plus souvent, s'exprimait par des larmes.

« L'ordre est un sacrement qui semble ne regarder personne parmi vous, mes enfants, et qui regarde tout le monde. Qu'est-ce que le prêtre ? Un homme qui tient la place de Dieu, qui est revêtu de tous les pouvoirs de Dieu.

» Lorsque le prêtre remet les péchés, il ne dit pas : Dieu vous pardonne, il dit : « Je vous absous. » A la consécration, il ne dit pas : Ceci est le corps de notre Seigneur, il dit : « Ceci est mon corps. »

» Tout nous vient par le prêtre : oui, tous les bonheurs, toutes les grâces, tous les dons célestes.

» Vous ne pouvez pas vous rappeler un seul bienfait de Dieu sans rencontrer, à côté de ce souvenir, l'image du prêtre.

» Oh! que le prêtre est grand! Il ne se comprendra bien que dans le ciel... si on le comprenait sur la terre, on mourrait non de frayeur, mais d'amour...

» Après Dieu, le prêtre c'est tout! Laissez une paroisse vingt ans sans prêtre : on y adorera les bêtes.

» Lorsqu'on veut détruire la religion on commence par attaquer le prêtre, parce que là où il n'y a plus de prêtre, il n'y a plus de sacrifice ; et là où il n'y a plus de sacrifice, il n'y a plus de religion.

» Si je rencontrais un prêtre et un ange, je saluerais le prêtre avant de saluer l'ange. Celui-ci est l'ami de Dieu ; mais le prêtre tient sa place. Sainte Thérèse baisait l'endroit où un prêtre avait passé. »

Ses paroles sur le sacerdoce recevaient leurs commentaires dans toutes ses relations avec ses confrères. Avec quel respect il les accueillait, il leur ouvrait son âme! Avec quelle circonspection il leur donnait un conseil qu'il se laissait demander. Les moindres d'entre eux par l'âge ou le rang hiérarchique ne pouvaient, en un mot, l'approcher sans se retirer étonnés de tant de déférence et d'égards pour eux, par conséquent sans se sentir tenus à de nouveaux efforts pour honorer leur dignité.

Et que dire de sa vénération, de son obéissance, de sa tendresse pour les évêques, pour le souverain pontife! C'est que les yeux de sa foi, à travers l'homme, découvraient Jésus-Christ!

## VIII

#### VICARIAT A ÉCULLY. — CURE D'ARS.

Peu après sa promotion au sacerdoce, il allait à Écully, sur la demande de M. Balley, qui savait le prix de la collaboration d'un tel vicaire. Bornons-nous à dire que là il commença la vie de sacrifice et de charité qu'il continua jusqu'à sa mort.

Deux ans et demi plus tard, en février 1818, il est appelé à la cure d'Ars, département de l'Ain, faisant partie du diocèse de Lyon, et plus tard de celui de Belley. Ars, avec ses 400 habitants, voici l'humble campagne où, durant quarante années, le saint prêtre va étonner la France et le monde par le spectacle de ses vertus incomparables et par des miracles de tout genre dont des milliers de personnes seront les témoins irrécusables.

Ici donc, jeunes lecteurs, pour vous faire connaître l'homme que l'église romaine proposera, nous l'espérons, au culte de l'humanité entière ; pour vous inspirer quelque désir efficace de marcher sur ses traces, chacun dans la mesure de votre vocation et de vos forces, notre tâche devient très facile. Les revues et les feuilles religieuses ou des volumes de toute nature ont publié, depuis quelques années, tant de faits et de réflexions à cet égard qu'il ne nous reste qu'à les coordonner selon leur date et leur importance dans un récit sommaire, le nombre et la qualité des témoins équivalent à la certitude.

Qu'était la paroisse d'Ars au moment où Jean-Marie Vianney en devenait pasteur ? Lisez ces lignes d'une *esquisse biographique* parue à Lyon.

« Lorsqu'il arriva dans cette commune, les danses, les réunions mondaines, en un mot tous ces divertissements qui ont pour résultat ordinaire d'éloigner ceux qui les fréquentent des pratiques de la piété, étaient en grande faveur à Ars. Voulant extirper le mal dans sa racine, le nouveau curé commença par indemniser de sa bourse les entrepreneurs de ces amusements profanes, pour les déterminer à fermer leurs établissements. Puis, par de sages conseils et des exhortations douces et paternelles, il réussit à détourner ses paroissiens de ces plaisirs frivoles et pernicieux qui exercent souvent d'irrésistibles séductions. »

Que devint l'esprit religieux, la moralité de cette paroisse ? Persévéra-t-elle dans les heureuses habitudes que son curé lui fit vite contracter. Répondons tout de suite : oui, de nos jours cette petite commune de trois à quatre cents âmes est un modèle à proposer à toutes les paroisses de France. Ce fait est de notoriété publique, nous en parlerons plus loin.

Mais à quel prix acheta-t-il l'éloignement de *ces entrepreneurs d'amusements* ? « Ayant épuisé toutes ses ressources par sa générosité, il commença dès lors à retrancher tout ce qu'il put de sa nourriture. Il faisait cuire sept ou huit pommes de terre et en mangeait une chaque jour. Le pain dont il se nourrissait lui paraissait trop cher, il se contenta de pain bis et d'une tasse de lait. Encore avait-il l'habitude de saupoudrer de cendres ce pain lui-même pour rappeler ce verset du psalmiste : *Je mange mon pain comme la cendre.* Ps. ci. (De Montioud, p. 25.)

Un des usages qui produisent et entretiennent le mieux les bonnes mœurs d'une population, est assurément la sanctification du dimanche. N'est-ce pas exprimer une banalité que de dire : Traversez une ville, un bourg quelconque, le saint jour y est-il profané, le lundi chômé ; eh bien ! affirmez sans hésiter qu'il y a là des désordres, des hontes et des misères volontaires et nombreuses. Aussi, dès son début, M. Vianney s'attacha-t-il et réussit-il à vaincre les usages et les habitudes de son bien-aimé troupeau, aussi contraires à l'ordre de Dieu et de l'Eglise qu'au bien-être matériel et moral des aveugles ou cupides travailleurs eux-mêmes.

Bien que les paroles qui lui servaient comme de canevas pour traiter ce sujet aient été beaucoup citées, nous en donnons un extrait pour montrer aussi de quelle manière saisissante il envisageait les questions et en rendait la solution familière et simple :

« Que vous en revient-il, mes enfants, d'avoir travaillé le dimanche ? Est-ce que deux ou trois francs compenseront jamais le tort que vous vous faites ? Vous vous imaginez que tout dépend de votre travail, mais il faut si peu de chose, une maladie, un accident, un orage, une gelée. Dieu a tout sous sa main pour se venger ; les moyens ne lui manquent pas.

» L'homme n'est pas seulement une bête de travail, il n'a pas que des besoins matériels et des appétits grossiers ; il a des besoins de l'âme et des appétits de cœur. Il ne vit pas seulement de pain ; il vit de prière, de foi, d'adoration. Le dimanche c'est le bien du bon Dieu, c'est son jour à lui. Il a fait tous les jours de la semaine, il pouvait tous les garder. De quel droit toucher à *son* jour ? Bien volé ne profite jamais. Je connais deux moyens bien sûrs de devenir pauvre : C'est de travailler le dimanche et voler le bien d'autrui. »

Un des spectacles qui, à l'heure qu'il est, frappent d'abord l'étranger visitant Ars, c'est le chômage absolu du dimanche ; toute boutique y est fermée, toute charrue, toute voiture au repos. Aux offices, le temple est rempli par la foule recueillie. Cette paroisse comprend que, si elle jouit de plus de considération et d'aisance que beaucoup d'autres, elle en est redevable à son curé ; elle continue de comprendre qu'elle en deviendrait indigne si elle méconnaissait, si elle outrageait ce même Dieu qui, dans les mains du curé d'Ars, a déposé tant de bienfaits, tant de faveurs privilégiés pour elle.

Parlons de l'église matérielle d'Ars. Que pouvait-elle être au milieu des dombes, entre quelques pauvres chaumières dispersées çà et là loin du clocher. Ce n'était pas une restauration, mais une création qu'il avait à opérer matériellement et moralement.

Et voici le résultat de ses efforts au bout de quelques années. Nous ne faisons que les indiquer en ce moment. Cette église, dénuée de tout, fut bientôt comme elle l'est aujourd'hui, décorée de statues, de tableaux, de meubles, d'ornements tels que plusieurs temples de grandes villes les envient encore ; l'enceinte, la sacristie furent agrandies. Mais en cela il y avait bien nécessité, puisque sous ces voûtes accouraient de toutes parts les multitudes. L'esquisse *biographique* du saint curé d'Ars nous donne ces détails.

« En arrivant à Ars, M. Vianney trouva l'église paroissiale dégradée et dans le plus grand dénuement ; le maître-autel était en bois ; l'autel de la sainte Vierge était entièrement privé d'ornements. Il acheta de ses propres deniers un nouveau maître-autel et travailla de ses mains à décorer les bancs du chœur. En peu de temps cette église, naguère si pauvre et si nue, changea d'aspect et fut richement ornée. M. le comte d'Ars, propriétaire du vieux manoir seigneurial qui porta ce nom, ayant appris à Paris, où il résidait habituellement, les soins que le nouveau curé prenait de l'embellissement de son église, vint à Ars et alla faire visite au pasteur. M. le comte d'Ars était lui-même très pieux ; frappé de l'air de sainteté empreint sur tous les traits du digne et vertueux prêtre, il pria celui-ci de lui donner une part dans ses prières et de vouloir bien l'associer dans ses bonnes œuvres. De retour à Paris il envoya à M. le curé d'Ars de beaux ornements pour l'Église : garnitures d'autel, chandeliers, reliquaires, chasubles, encensoirs, bannières, etc., etc. Parmi ces magnifiques dons figurait encore un superbe dais, qui se trouva de trop vaste dimension pour pouvoir passer par la grande porte de l'église. Informé de cette circonstance, M. le comte d'Ars donna 6,000 francs pour l'agrandissement de cette porte et pour les travaux nécessaires à la restauration de la façade de l'édifice. »

Grâce aux secours spontanés qui arrivaient à M. Vianney, ici bientôt s'éleva *la Providence.*

vaste couvent de religieuses vouées à l'éducation du sexe et de pauvres orphelines. Celles-ci, très nombreuses, étaient à sa charge. Là, une maison des *frères de la sainte famille* pour les jeunes garçons, qu'il entretenait à ses frais. Une troisième fondation suivit de près. Fondation bien chère au saint prêtre, bien utile au diocèse et aux pays les plus éloignés, l'*Œuvre des missions*. Devenue considérable, cette maison avait à Ars, en même temps que sa maison-mère, son guide et son modèle dans la personne de l'humble curé.

Concluons donc d'abord que si M. Vianney a eu des prédécesseurs et des imitateurs dans les triomphes de la charité apostolique, s'il a eu des égaux, il ne s'en rencontre pas de supérieurs.

## IX

#### L'EMPLOI DU TEMPS POUR LE CURÉ D'ARS.

Dès deux ou trois heures du matin, parfois depuis minuit, entrant dans sa véritable et seule demeure, le confessionnal, il n'en sortait que pour dire sa messe, vers six heures, et il y revenait après son action de grâces et la récitation d'une partie de son bréviaire. Vers onze heures il le quittait encore pour faire aux pèlerins son *catéchisme*.

Vers midi il allait dîner. Quel dîner! Quelle nourriture donnait-il à son *malheureux cadavre*? ainsi qu'il appelait son corps. Dans une lettre officielle à son clergé, l'évêque de Belley répond à cette question : « Il ne dormait pas, il ne mangeait pas ; cette locution familière avait presque sa réalisation pour lui : trois ou quatre onces de nourriture par jour, une heure, deux heures de sommeil lui suffisaient. » Et lorsque ce même prélat lui eut ordonné de joindre à ses pommes de terre et à son lait un peu de viande, il n'obéissait qu'en versant des larmes. Son repas achevé, tout en s'occupant de sa correspondance, il récitait son bréviaire et visitait les malades de ses communautés. De récréations, de délassements proprement dits, il n'en connut jamais. Enfin, vers onze heures, minuit, il allait se reposer.

Le journal l'*Univers*, qui, si fréquemment parlait de lui, écrivait, dans son numéro du 12 août 1859 :

« C'était à qui lui parlerait et à qui le toucherait ; c'était le moment où ceux qui voulaient obtenir quelque faveur lui adressaient la parole ; on lui demandait sa bénédiction ; on voulait de lui un mot ou un regard ; on voulait recevoir de lui une image ou une médaille de ses mains ; on voulait toucher sa soutane, ses cheveux : il avait besoin souvent d'être protégé contre l'empressement et la rudesse de cette vénération. En passant ainsi à travers la foule et tout en se prêtant à ce qu'on demandait, il adressait parfois à ceux qu'il remarquait des mots qui étaient des traits de lumière et qui allaient droit aux besoins des âmes. »

Dans ce volume seront aussi énumérés et détaillés les miracles de toute sorte que le curé d'Ars obtenait de Dieu par l'invocation des saints, surtout de la glorieuse Reine des anges et des hommes et de sainte Philomène ; prodiges qu'il racontait lui-même, mais comme s'il n'en eût été que le simple spectateur. « Mes frères, disait-il un jour à son instruction de midi, il s'est opéré ici, cette semaine, quatorze miracles par l'entremise de sainte Philomène. » Ces prodiges, les paroissiens et les pèlerins les ont vus, ils en ont laissé pour souvenir les innombrables ex-voto appendus aux murailles de la délicieuse chapelle de sainte Philomène, *sa chère petite sainte*. Ces prodiges, chaque jour le bon curé en manifeste quelques-uns du fond de son cercueil.

## X

### DERNIERS JOURS. — MORT DU CURÉ D'ARS.

Avant de parler de la mort du saint curé, disons un mot du double témoignage d'honneur dont il fut l'objet malgré lui. *Plus les âmes s'abaissent,* répète l'Ecriture, *plus Dieu se plaît à les exalter.*

Dès les premiers jours de son épiscopat, Mgr Chalandon, aujourd'hui archevêque d'Aix, vint lui-même à Ars, où le curé, prévenu, alla le recevoir, selon le cérémonial, sur le seuil de l'église. Là, le pontife lui passa autour des épaules le camail dont il voulait le récompenser. Tous les assistants applaudissaient joyeux ; seul, le nouveau chanoine honoraire était confus et triste. Peu après ce camail était vendu et changé en trente francs pour les pauvres. — Prêchant la retraite pastorale à Nîmes, le même éloquent prélat prononçait un *sermon entier* sur son pieux ami qu'il comparait aux plus illustres saints.

En 1858, Mgr de Langalerie, évêque actuel de Belley, lui portait, au nom de l'empereur, la croix d'honneur dans un riche coffret. « Que m'offrez-vous là, dit l'humble prêtre, sont-ce des reliques ? — Non, mon cher curé, répondit l'évêque, c'est la croix de la légion d'honneur. » Il resta silencieux, protestant de son indignité ; et cette décoration, si enviée, ne parut que sur son cercueil.

L'heure était venue où le curé d'Ars devait être ravi à la terre. Depuis longtemps des défaillances, des douleurs d'entrailles, une toux opiniâtre n'obtenaient de lui que cette plainte : C'est ennuyeux, ça me prend tout mon temps ; et à ceux qui le priaient de se fatiguer moins, il répondait : « Je me reposerai en paradis. »

Rien, du reste, ne fut extraordinaire dans l'extinction de cette illustre vie ; comme l'a dit un poète : pour lui, *la mort fut le soir d'un beau jour.* Le 29 juillet 1859, les chaleurs extrêmes l'ayant atterré plus que de coutume au confessionnal, il s'écria, vers le soir : *Je n'en puis plus, c'est ma pauvre fin.* Le lendemain il ne put quitter sa couche, accepta quelques soins ; seulement il fit poser un éventail avec lequel on le garantissait des mouches. « Laissez-moi, dit-il, avec mes pauvres mouches. » Ne pouvant se réchauffer sur sa paillasse, il avait consenti à être placé sur un matelas ; mais, comme il n'avait point, disait-il, froid à la tête, il voulut conserver son oreiller de paille.

Ecoutons le pieux missionnaire qui ne l'a pas quitté dans ces moments suprêmes.

« Pendant trois jours, dit M. Monnin, tous les moyens que la piété la plus ingénieuse peut inspirer furent mis en œuvre pour fléchir le Ciel : vœux à tous les saints du paradis, demandes à toutes les communautés religieuses, pèlerinages à tous les sanctuaires. Mais les desseins de Dieu de couronner son grand serviteur devenaient toujours plus manifestes.

» Le mardi soir il demanda à être administré. La Providence avait amené pour cette heure, afin qu'ils fussent témoins de ce grand spectacle, des prêtres des diocèses les plus lointains ; la paroisse entière y assistait.

» Une personne qui avait le droit de l'approcher, vint à mains jointes le supplier en ce moment de demander à Notre-Seigneur sa guérison. Il fixa sur elle son regard brillant et profond, et, sans dire une parole, il fit signe que non.

» On vit des larmes silencieuses couler des yeux du saint malade, lorsque la cloche annonça la suprême visite du Maître qu'il avait tant adoré. Quelques heures plus tard, il en répandit encore ; ce furent les dernières, des larmes de joie... Elles tombèrent sur la croix de son évêque.

» Mgr de Langalerie, averti providentiellement des progrès du mal, arrivait haletant, ému, priant à haute voix, fendant la foule agenouillée sur son passage... Il était temps !... »

La nuit qui suivit cette visite de son évêque, le vit s'endormir doucement dans la paix de Dieu.

« Deux heures du matin !... c'était l'heure de laudes, remarque son pieux ami et biographe, et dans tous les couvents de réguliers, où se célèbre l'office nocturne, on chantait, dans le moment même, en l'honneur de saint Dominique, ces paroles de l'hymne des confesseurs :

> Dies refulsit lumine
> Quo sanctus hic de corpore
> Migravit inter sidera.

L'heure a sonné où ce saint de la terre a passé au ciel !

## XI

### FUNÉRAILLES DU CURÉ D'ARS.

Un témoin oculaire, dans l'*Esquisse biographique* du saint prêtre, raconte ainsi ses magnifiques funérailles :

« Le corps de M. le curé d'Ars, revêtu de ses habits sacerdotaux, fut placé dans une salle basse, située au-dessous de sa chambre, que l'on décora à la hâte de modestes tentures blanches, semées de couronnes et de fleurs. Là, pendant deux jours et deux nuits, accourut, sans trêve ni relâche, une foule toujours grossissante et sans cesse renouvelée. Durant ces deux jours, tous les chemins conduisant à Ars étaient sillonnés de voitures et couverts d'innombrables piétons. Le nombre de fidèles venus chaque jour a été approximativement évalué à 5 ou 6,000 au moins.

» De deux en deux heures retentissait le glas funèbre, et ses sons lugubres provoquaient de nouvelles explosions de cris de douleur dans la chambre où le corps se trouvait exposé.

» Deux frères de la Sainte-Famille veillaient à éviter les accidents que l'empressement de la foule aurait pu occasionner ; ils avaient soin de faire entrer par une porte et sortir par une autre cette interminable procession. Chacun voulait faire toucher au saint prêtre quelque objet destiné à être religieusement conservé ; il est impossible de s'imaginer la quantité de croix, de chapelets, de livres, d'images, que la piété des fidèles a appliqués à ces restes vénérés !...

» Quoique la chaleur fut excessive, le corps a pu être laissé à découvert jusqu'à la nuit qui précéda les funérailles ; on n'y remarquait pas la moindre trace de décomposition. Le *saint curé* paraissait plongé dans un tranquille sommeil. Ses traits avaient conservé leur expression habituelle de douce quiétude et d'ineffable bonté.

» Les funérailles avaient été fixées au samedi 6 août ; 5 à 6,000 pèlerins, arrivés de la veille, avaient passé la nuit comme au bivouac autour de l'église, sur la place et dans les rues adjacentes. Dès l'aube et pendant la matinée, omnibus, voitures particulières, chars-à-bancs encombraient les routes qui aboutissent à Ars ; beaucoup de personnes, n'ayant pu trouver de moyen de transport, avaient dû faire le trajet à pied. Au moment de la cérémonie, la place, les avenues de l'église, les rues du village et les abords des chemins étaient envahis par plus de 6,000 personnes. Plus de 300 prêtres étaient venus des diocèses de Belley, de Lyon, de Grenoble, d'Autun, etc , etc. Les couvents de la contrée s'y trouvaient tous représentés par quelques-uns de leurs membres. On y voyait le prieur des dominicains de Lyon, accompagné du père Lecomte, le père Hermann et quantité d'autres hommes illustres par leur savoir et leur piété.

» A l'heure dite, Mgr l'évêque de Belley étant arrivé, le cortége s'organisa. Les coins du poêle étaient tenus par M. le curé de Trévoux, M. l'abbé de Séresin, chanoine de Belley, M. le comte de Garets, maire d'Ars, et M. le sous-préfet de l'arrondissement de Trévoux.

» Le deuil était conduit par MM. les missionnaires du Pont-d'Ain, qui représentaient la famille spirituelle du saint prêtre, après ses parents de Dardilly.

» Deux dominicains ouvraient la marche; après eux venaient les ecclésiastiques qui n'avaient pas pu revêtir l'habit de chœur; puis la partie plus nombreuse qui portait le surplis, suivie de Mgr l'évêque de Belley, revêtu de l'étole, venait ensuite le cercueil du saint curé, sur lequel on avait placé son étole, son surplis, son camail de chanoine, la croix de la Légion-d'honneur et une immense couronne d'immortelles jaunes, avec cette inscription : *A notre Père*. La brigade de gendarmerie de Trévoux, son lieutenant en tête, avait été appelée pour maintenir le bon ordre.

» Sur la place de l'église, le cortége fit halte. Mgr l'évêque de Belley monta sur la plus haute marche de la croix de mission, et prononça d'une voix émue un discours qui était un hommage solennel rendu à la sainteté de l'humble prêtre.

» Après le discours de Monseigneur, le cortége est entré dans l'église, où le clergé, les autorités et la famille du défunt purent seuls trouver place. Une grand'messe solennelle fut chantée par M. l'abbé Guillemin, vicaire-général de Belley, ancien secrétaire de Mgr Devie, et vieil ami de M. le curé d'Ars.

» Pendant la célébration de la sainte messe, un silence religieux et un recueillement profond régnèrent constamment au sein de la foule rassemblée autour de l'église.

« Après l'absoute faite par Mgr l'évêque de Belley, le corps, qui était dans un cercueil en chêne plombé avec un vitrage au-dessus, fut mis dans un second cercueil en chêne complètement fermé, que l'on plaça dans la chapelle de saint Jean-Baptiste, patron de M. Vianney, en attendant qu'un caveau fut ouvert. »

## XI

### SERVICE DE QUARANTAINE DU CURÉ D'ARS. — PÈLERINAGE.

Le 14 septembre eut lieu le service de quarantaine du curé d'Ars. L'église était pleine, la foule débordait jusque sur la place. Des prêtres nombreux des diocèses de Lyon, d'Autun, joints au clergé de celui de Belley, se groupaient autour de Mgr l'archevêque d'Aix venu pour honorer leur modèle à tous. La cérémonie, malgré les chants et les tentures de deuil, ressemblait moins à un office funèbre qu'à une fête triomphale.

Le respect de M. Vianney était, à cette date, l'unique règle des habitants, et la crainte de le contrister leur principal souci. Ce jour-là, à cause de l'affluence des pèlerins et de l'insuffisance des voitures, quelques omnibus avaient augmenté leur prix. « Ah ! disait-on aux conducteurs, vous n'eussiez pas fait cela du vivant du curé. »

Dans tous les magasins d'objets de piété, s'étalaient ces petits et populaires portraits qui faisaient dire au saint curé avec cette sorte de grâce fine et charmante qui reluisait au milieu de sa simplicité : « Oh ! je ne vaux pas cher, on me donne pour un sou. »

« Pour entrer dans la pensée de l'assistance, dit, en octobre 1859, le *Journal des bons exemples*, Mgr l'archevêque d'Aix, après avoir célébré la messe, entretint ses auditeurs des vertus du curé qu'il *vénérait*. Nous ne pouvons analyser cet éloquent discours. Il répondait aux sentiments du peuple, et la pensée de tous s'exprimait par l'organe du prélat. C'était une joie d'entendre dans le lieu saint une voix *remplie d'autorité* proclamant les mérites du saint curé que l'on pleurait et que chacun invoquait déjà. On l'a tant consulté dans sa vie, comment croire que la mort lui ait ôté quelques lumières ou qu'elle ait retranché quelque efficace à la charité avec laquelle il accueillait les pécheurs et compatissait à leurs peines. »

» Maintenant que nous reste-t-il sinon à bénir Dieu de ce qu'il a bien voulu montrer à ce siècle incrédule que la race des saints n'est pas finie, non plus que leur action puissante sur les peuples; il ne nous reste qu'à invoquer maintenant, dans le ciel celui que la voix retentissante des peuples a appelé : LE SAINT CURÉ !

Un dernier mot. Le pèlerinage d'Ars, pour être moins bruyant que du vivant du saint, existe toujours; des prodiges s'opèrent sur sa tombe. Il faut encore dans cette humble église plusieurs missionnaires pour continuer ses œuvres; les pieux paroissiens, les fidèles d'alentour et beaucoup d'étrangers y viennent encore entendre la parole de Dieu, souvent annoncée par eux, et déposer au confessionnal les besoins et les peines de leur âme. Ecoutez ce que dit, le 30 septembre 1868, l'*Observateur du dimanche*.

« Les libres penseurs de notre époque, qui croient enterrer le catholicisme, se sont sans doute étonnés du nombre de pèlerinages qui ont pris naissance dans cette France qu'ils croyaient avoir conquise depuis le commencement de ce dix-neuvième siècle, qui devait assister, affirmaient-ils, à la fin définitive du christianisme. Ce ne sont pas seulement les pèlerinages anciens qui ont repris une nouvelle vie, comme Sainte-Anne d'Auray, Notre-Dame de Liesse, Fourvières, Saint-Martin de Tours, et une foule d'autres dont la célébrité n'est point aussi étendue qui cependant voient affluer chaque année, à certaines époques, de nombreux visiteurs des contrées limitrophes au-delà desquelles ils sont peu connus. Ce ne sont pas seulement les lieux favorisés par des apparitions merveilleuses, comme la Salette et Lourdes, ou par l'habitation d'un personnage que l'opinion publique appelle Saint et voudrait voir figurer sur nos autels comme cet obscur village d'Ars, qui, grâce à son curé si humble, si complétement ennemi de tout bruit et de toute vaine gloire, est devenu une ville où, de tous les points de l'univers accouraient des milliers de visiteurs, en sorte qu'il avait fallu organiser plusieurs services d'*omnibus* Lyon et à Villefranche pour satisfaire leur juste impatience. Depuis la mort du vertueux prêtre, l'affluence a diminué, mais elle s'est régularisée. Aujourd'hui sans doute, on ne vient plus mettre à l'épreuve sa miraculeuse sagacité pour scruter l'intérieur des consciences, mais tous les cœurs désolés continuent à venir demander à son intercession, dont ils reconnaissent la puissance, la guérison des maladies du corps et de l'âme, et presque tous repartent guéris ou consolés. Les miracles se multiplient. Il n'est plus là pour les attribuer à d'autres saints, et l'enquête se poursuit et en constatera bientôt un assez grand nombre pour que le chef auguste de l'Eglise puisse ratifier solennellement les acclamations des peuples. »

FIN.

Limoges — Typ. F. F. Ardant Frères.

www.ingramcontent.com/pod-product-compliance
Lightning Source LLC
Chambersburg PA
CBHW061008050426
42453CB00009B/1314